AF205731

Impressum
Verlag: BABADADA GmbH, Nedderfeld 112 , 22529 Hamburg
Geschäftsführer / Verlagsleitung: Harald Hof
Druck: Books on Demand GmbH, In de Tarpen 42, 22848 Norderstedt

Imprint
Publisher: BABADADA GmbH, Nedderfeld 112 , 22529 Hamburg, Germany
Managing Director / Publishing direction: Harald Hof
Print: Books on Demand GmbH, In de Tarpen 42, 22848 Norderstedt

skole

koulu

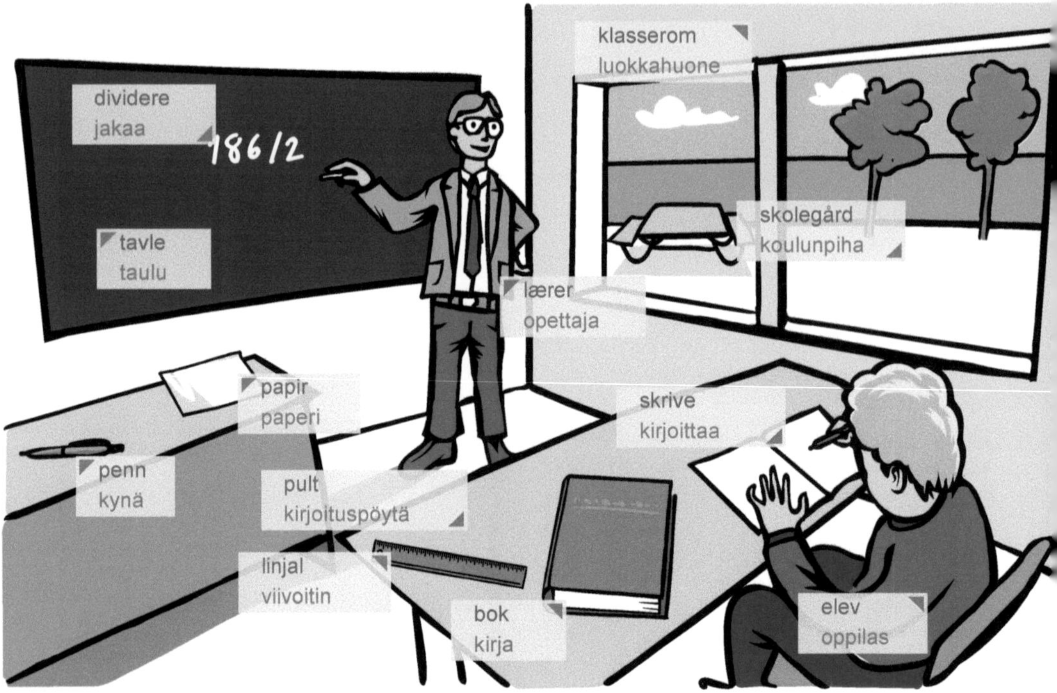

klasserom
luokkahuone
dividere
jakaa
186/2
tavle
taulu
skolegård
koulunpiha
lærer
opettaja
papir
paperi
skrive
kirjoittaa
penn
kynä
pult
kirjoituspöytä
linjal
viivoitin
bok
kirja
elev
oppilas

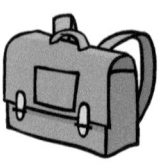

ransel

reppu

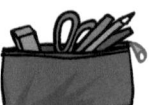

penal

penaali

blyant

lyijykynä

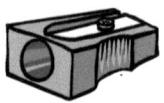

blyantspisser

kynänteroitin

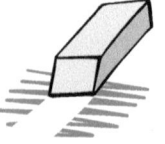

viskelær

pyyhekumi

tegneblokk

piirustuslehtiö

tegning

piirustus

pensel

pensseli

malerskrin

vesivärit

saks

sakset

lim

liima

arbeidsbok

harjoituskirja

lekse

kotitehtävä

12

tall

luku

2+2

addere

lisätä

5-2

subtrahere

vähentää

2×2

multiplisere

kertoa

regne

laskea

A

bokstav

kirjain

ABCDEFG HIJKLMN OPQRSTU VWXYZ

alfabet

aakkoset

hello

ord

sana

tekst

teksti

lese

lukea

kritt

liitu

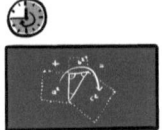

skoletime

oppitunti

klassebok

opettajan muistikirja

eksamen

koe

vitnemål

todistus

skoleuniform

koulupuku

utdannelse

koulutus

leksikon

sanakirja

universitet

yliopisto

mikroskop

mikroskooppi

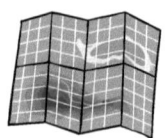

kart

kartta

papirkurv

roskakori

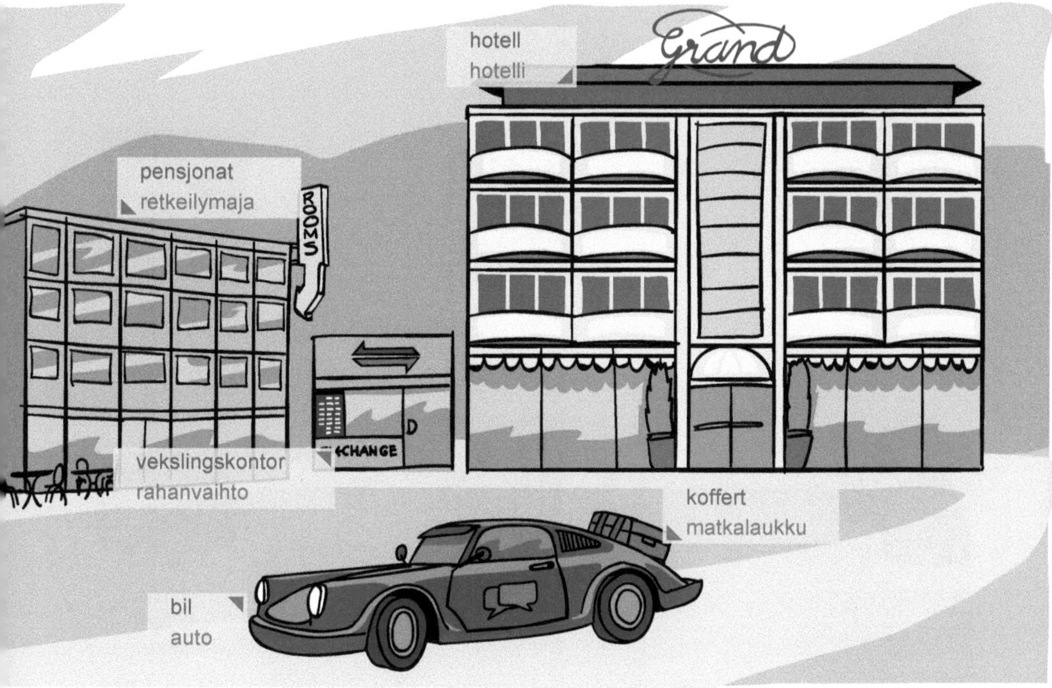

hotell
hotelli
Grand
pensjonat
retkeilymaja
ROOMS
vekslingskontor
rahanvaihto
EXCHANGE
koffert
matkalaukku
bil
auto

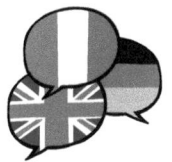

språk

kieli

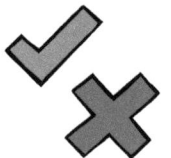

ja / nei

kyllä / ei

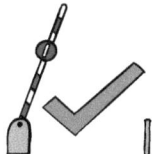

okay

selvä

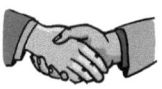

Hei

hei

tolk

tulkki

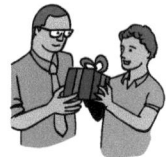

takk skal du ha

kiitos

Hva koster...?

Paljonko...maksaa?

Jeg forstår ikke

en ymmärrä

problem

ongelma

God kveld!

Hyvää iltaa!

God morgen!

Hyvää huomenta!

God natt!

Hyvää yötä!

ha det bra

näkemiin

retning

suunta

bagasje

matkatavarat

veske

laukku

ryggsekk

reppu

gjest

vieras

rom

huone

sovepose

makuupussi

telt

teltta

turistinformasjon

turisti-info

strand

ranta

kredittkort

luottokortti

frokost

aamupala

lunsj

lounas

middag

päivällinen

billett

matkalippu

heis

hissi

stempel

postimerkki

grense

raja

toll

tulli

ambassade

suurlähetystö

visum

viisumi

pass

passi

transport
kuljetus

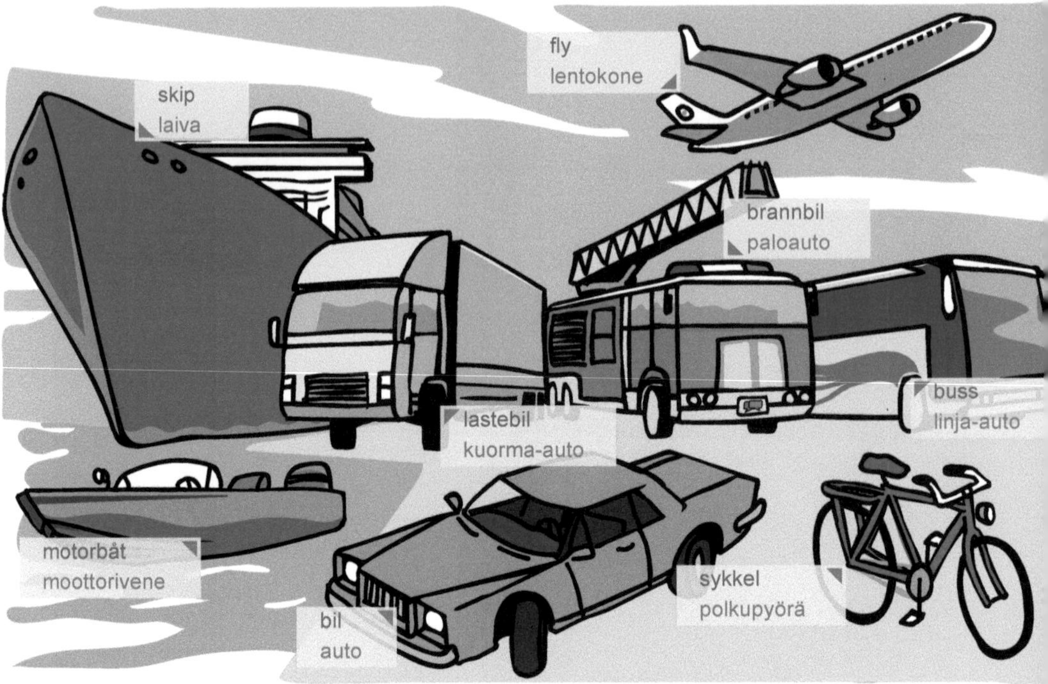
fly
lentokone
skip
laiva
brannbil
paloauto
buss
linja-auto
lastebil
kuorma-auto
motorbåt
moottorivene
sykkel
polkupyörä
bil
auto

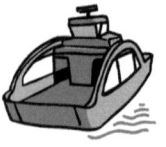

ferge
lautta

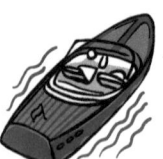

båt
vene

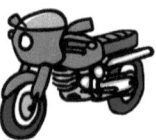

motorsykkel
moottoripyörä

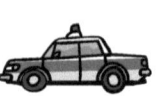

politibil
poliisiauto

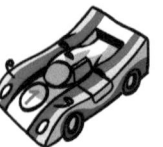

racerbil
kilpa-auto

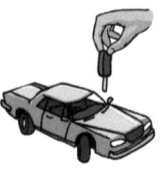

leiebil
vuokra-auto

bilkollektiv

car sharing

bergingsbil

hinausauto

søppelbil

roska-auto

motor

moottori

brennstoff

polttoaine

bensinstasjon

huoltoasema

trafikkskilt

liikennemerkki

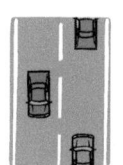

trafikk

liikenne

trafikkork

ruuhka

parkeringsplass

parkkipaikka

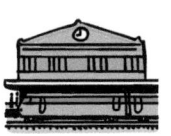

togstasjon

rautatieasema

skinne

raiteet

tog

juna

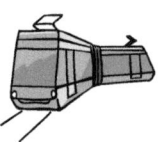

trikk

raitiovaunu

vogn

vaunu

helikopter

helikopteri

flyplass

lentokenttä

tårn

lähilennonjohto

passasjer

matkustaja

konteiner

kontti

kartong

pahvilaatikko

tralle

kärryt

kurv

kori

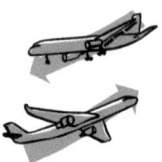

starte / lande

nousta / laskea

by
kaupunki

landsby

kylä

sentrum

keskusta

hus

talo

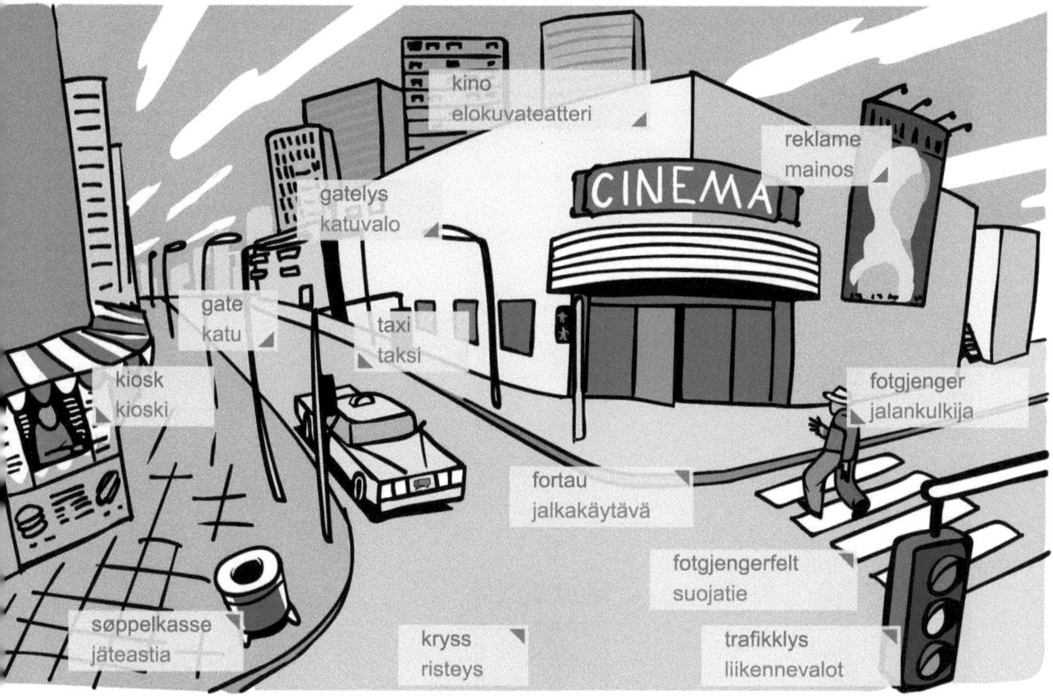

kino
elokuvateatteri

gatelys
katuvalo

reklame
mainos

CINEMA

gate
katu

taxi
taksi

kiosk
kioski

fotgjenger
jalankulkija

fortau
jalkakäytävä

fotgjengerfelt
suojatie

søppelkasse
jäteastia

kryss
risteys

trafikklys
liikennevalot

hytte
....
mökki

leilighet
....
kerrostalo

togstasjon
....
rautatieasema

rådhus
....
kaupungintalo

museum
....
museo

skole
....
koulu

universitet

yliopisto

bank

pankki

sykehus

sairaala

hotell

hotelli

apotek

apteekki

kontor

toimisto

bokhandel

kirjakauppa

butikk

liike

blomsterbutikk

kukkakauppa

matbutikk

supermarketti

marked

tori

varehus

tavaratalo

fiskehandler

kalakauppias

kjøpesenter

ostoskeskus

havn

satama

by - kaupunki

park

puisto

benk

penkki

bro

silta

trapp

portaat

t-bane

metro

tunnel

tunneli

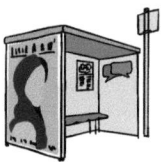

busstopp

linja-autopysäkki

bar

baari

restaurant

ravintola

postkasse

postilaatikko

gateskilt

katukyltti

parkometer

parkkimittari

dyrehage

eläintarha

svømmebasseng

uimala

moské

moskeija

bondegård

maatila

miljøforurensing

ympäristön saastuminen

kirkegård

hautausmaa

kirke

kirkko

lekeplass

leikkikenttä

tempel

temppeli

landskap
maisema

blad
lehti

veiviser
tienviitta

vei
tie

eng
niitty

stein
kivi

turgåer
retkeilijä

tre
puu

elv
joki

gress
ruoho

blomst
kukka

dal
laakso

fjell
vuori

innsjø
järvi

skog
metsä

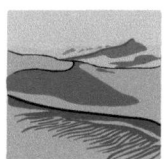

ørken
aavikko

vulkan
tulivuori

slott
linna

regnbue
sateenkaari

sopp
sieni

palmetre
palmu

mygg
hyttynen

flue
kärpänen

maur
muurahainen

bie
mehiläinen

edderkopp
hämähäkki

landskap - maisema

15

bille

kovakuoriainen

frosk

sammakko

ekorn

orava

piggsvin

siili

hare

jänis

ugle

pöllö

fugl

lintu

svane

joutsen

villsvin

villisika

hjort

peura

elg

hirvi

demning

pato

vindturbin

tuulimylly

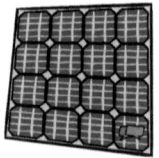

solcellepanel

aurinkopaneeli

klima

ilmasto

landskap - maisema

restaurant
ravintola

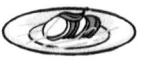

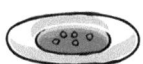

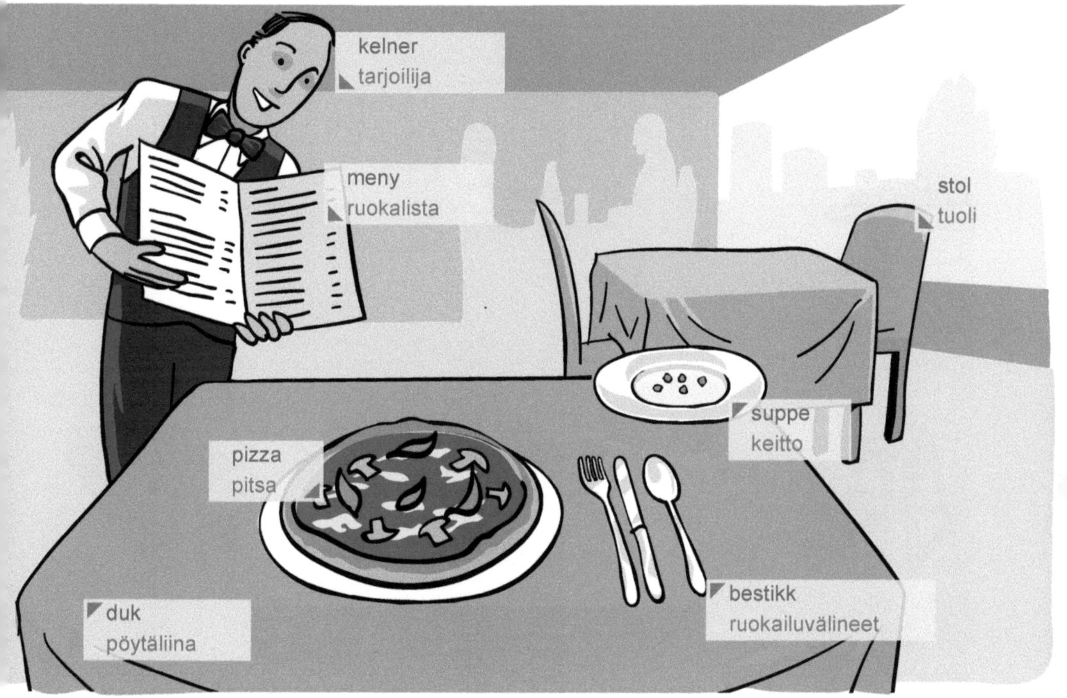
kelner
tarjoilija
meny
ruokalista
stol
tuoli
suppe
keitto
pizza
pitsa
bestikk
ruokailuvälineet
duk
pöytäliina

forrett
alkuruoka

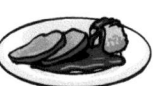

hovedrett
pääruoka

dessert
jälkiruoka

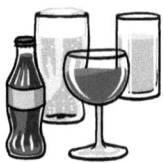

drikkevarer
juomat

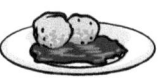

mat
ruoka

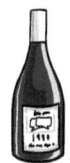

flaske
pullo

hurtigmat

pikaruoka

gatemat

katuruoka

tekanne

teekannu

sukkerskål

sokeriastia

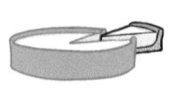

porsjon

annos

espressomaskin

espressokeitin

barnestol

syöttötuoli

regning

lasku

brett

tarjotin

kniv

veitsi

gaffel

haarukka

skje

lusikka

teskje

teelusikka

serviett

servietti

glass

lasi

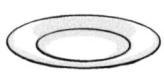

tallerken

lautanen

suppetallerken

syvä lautanen

skål

aluslautanen

saus

kastike

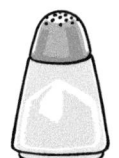

saltbøsse

suolasirotin

pepperkvern

pippurimylly

eddik

etikka

olje

öljy

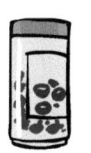

krydder

mausteet

ketchup

ketsuppi

sennep

sinappi

majones

majoneesi

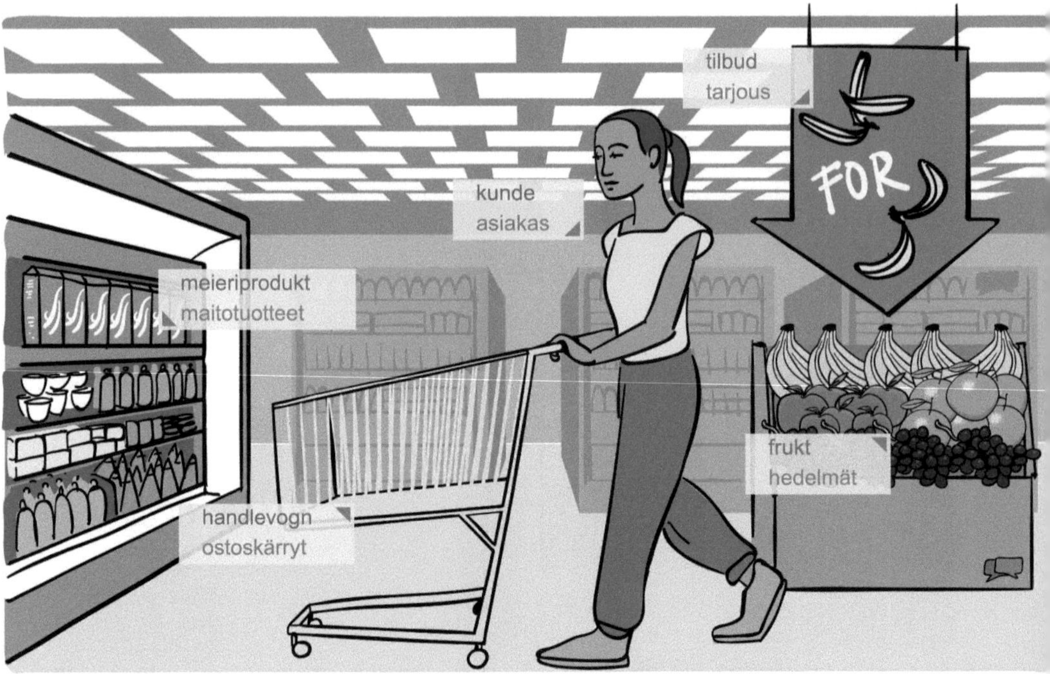

tilbud
tarjous

kunde
asiakas

meieriprodukt
maitotuotteet

FOR

frukt
hedelmät

handlevogn
ostoskärryt

slakter	bakeri	veie
teurastamo	leipomo	punnita

grønnsaker	kjøtt	frysevarer
kasvikset	liha	pakasteet

oppskåret pålegg
leikkele

hermetikk
säilykkeet

vaskepulver
pesujauhe

godteri
makeiset

husholdningsprodukter
kotitaloustarvikkeet

rengjøringsmidler
puhdistusaineet

butikkmedarbeider
myyjä

kassaapparat
kassa

kasserer
kassanhoitaja

handleliste
ostoslista

åpningstider
aukioloajat

lommebok
lompakko

kredittkort
luottokortti

veske
kassi

plastpose
muovipussi

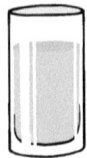

vann
vesi

juice
mehu

melk
maito

cola
kokis

vin
viini

øl
olut

alkohol
alkoholi

kakao
kaakao

te
tee

kaffe
kahvi

espresso
espresso

cappuccino
cappuccino

banan
banaani

eple
omena

appelsin
appelsiini

melon
meloni

sitron
sitruuna

gulrot
porkkana

hvitløk
valkosipuli

bambus
bambu

løk
sipuli

sopp
sieni

nøtter
pähkinät

nudler
spagetti

spagetti

spagetti

ris

riisi

salat

salaatti

pommes frites

ranskalaiset

stekte poteter

paistetut perunat

pizza

pitsa

hamburger

hampurilainen

sandwich

voileipä

biff

leike

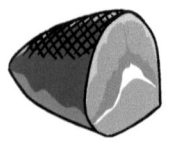

skinke

kinkku

salami

salami

pølse

makkara

kylling

kana

stek

paisti

fisk

kala

havregryn

kaurahiutaleet

müsli

mysli

cornflakes

murot

mel

jauho

croissant

voisarvi

rundstykke

sämpylä

brød

leipä

ristet brød

paahtoleipä

kjeks

keksit

smør

voi

kvarg

rahka

kake

kakku

egg

kananmuna

speilegg

paistettu kananmuna

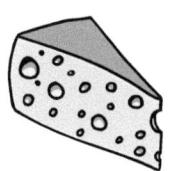

ost

juusto

iskrem

jäätelö

sukker

sokeri

honning

hunaja

syltetøy

hillo

sjokoladepålegg

suklaapähkinälevite

karri

curry

bondegård
maatila

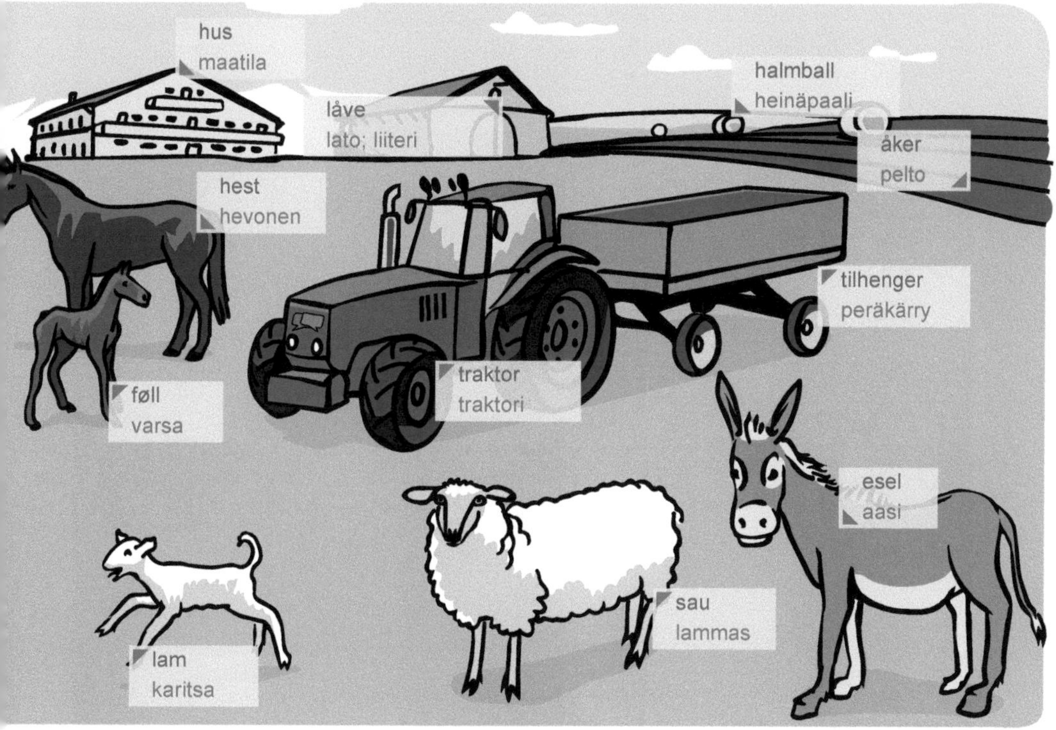
hus
maatila
låve
lato; liiteri
halmball
heinäpaali
åker
pelto
hest
hevonen
tilhenger
peräkärry
traktor
traktori
føll
varsa
esel
aasi
sau
lammas
lam
karitsa

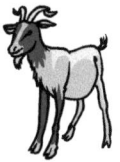

geit
vuohi

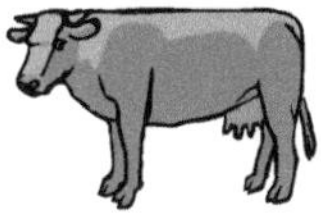

ku
lehmä

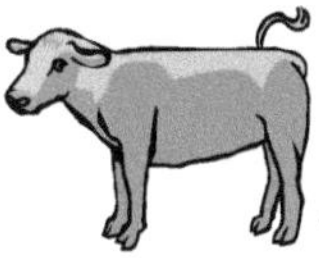

kalv
vasikka

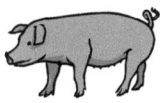

gris
sika

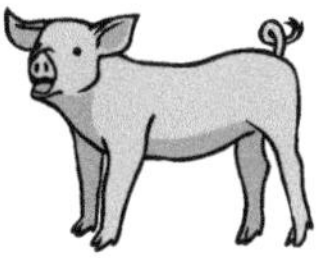

grisunge
porsas

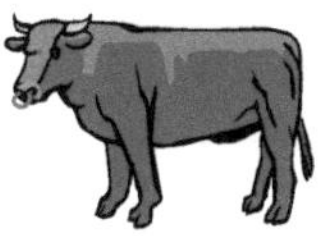

okse
sonni

gås

hanhi

and

ankka

kylling

tipu

høne

kana

hane

kukko

rotte

rotta

katt

kissa

mus

hiiri

okse

härkä

hund

koira

hundehus

koirankoppi

hageslange

puutarhaletku

vannkanne

kastelukannu

ljå

viikate

plog

aura

sigd
....
sirppi

hakke
....
kuokka

høygaffel
....
talikko

øks
....
kirves

trillebår
....
kottikärryt

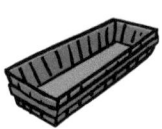

trau
....
kaukalo

melkekanne
....
maitokannu

sekk
....
säkki

gjerde
....
aita

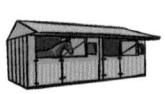

fjøs
....
talli

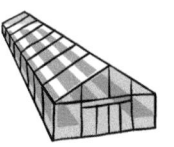

drivhus
....
kasvihuone

jord
....
maa

frø
....
siemen

gjødsel
....
lannoite

skurtresker
....
leikkuupuimuri

høste

kerätä sato

innhøsting

sato

yams

jamssit

hvete

vehnä

soja

soija

potet

peruna

mais

maissi

raps

rypsi

frukttre

hedelmäpuu

kassava

maniokki

korn

vilja

hus
talo

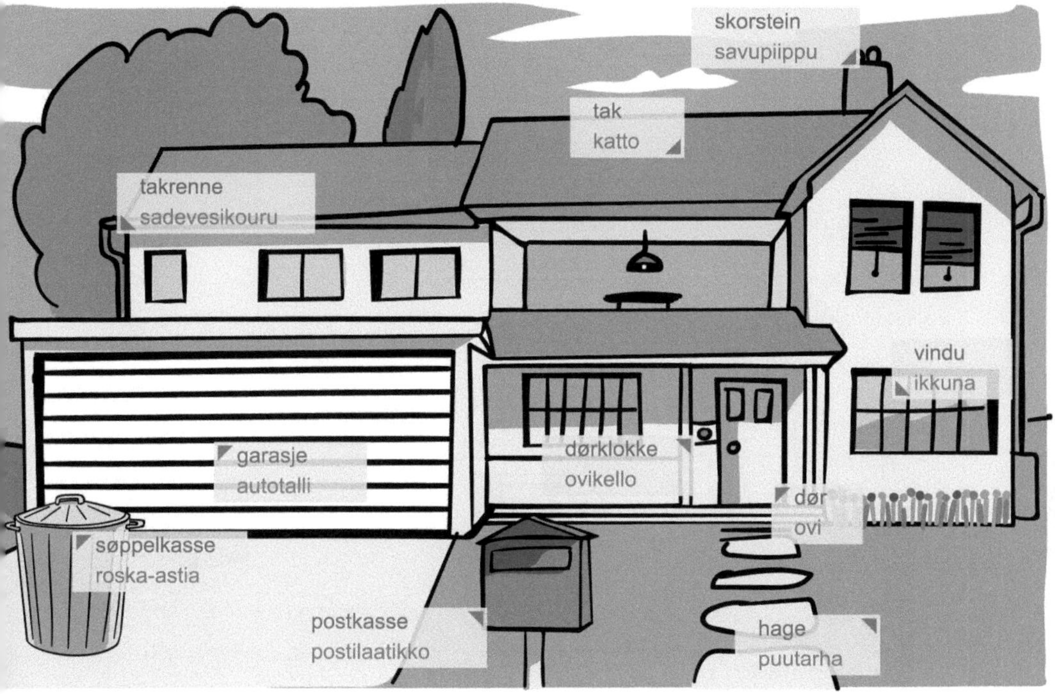
skorstein
savupiippu
tak
katto
takrenne
sadevesikouru
vindu
ikkuna
garasje
autotalli
dørklokke
ovikello
dør
ovi
søppelkasse
roska-astia
postkasse
postilaatikko
hage
puutarha

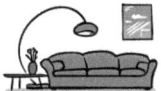

stue

olohuone

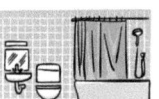

bad

kylpyhuone

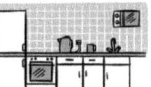

kjøkken

keittiö

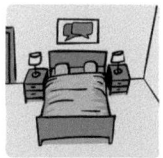

soverom

makuuhuone

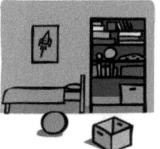

barnerom

lastenhuone

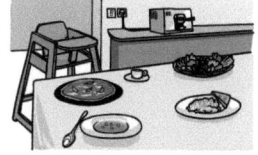

spisestue

ruokahuone

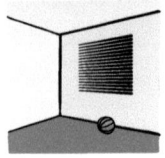

gulv

lattia

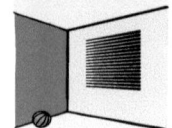

vegg

seinä

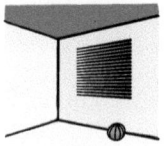

tak

katto

kjeller

kellari

badstue

sauna

balkong

parveke

terrasse

terassi

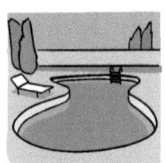

svømmebasseng

uima-allas

gressklipper

ruohonleikkuri

laken

lakana

dyne

päiväpeitto

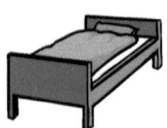

seng

sänky

kost

harja

bøtte

ämpäri

bryter

katkaisin

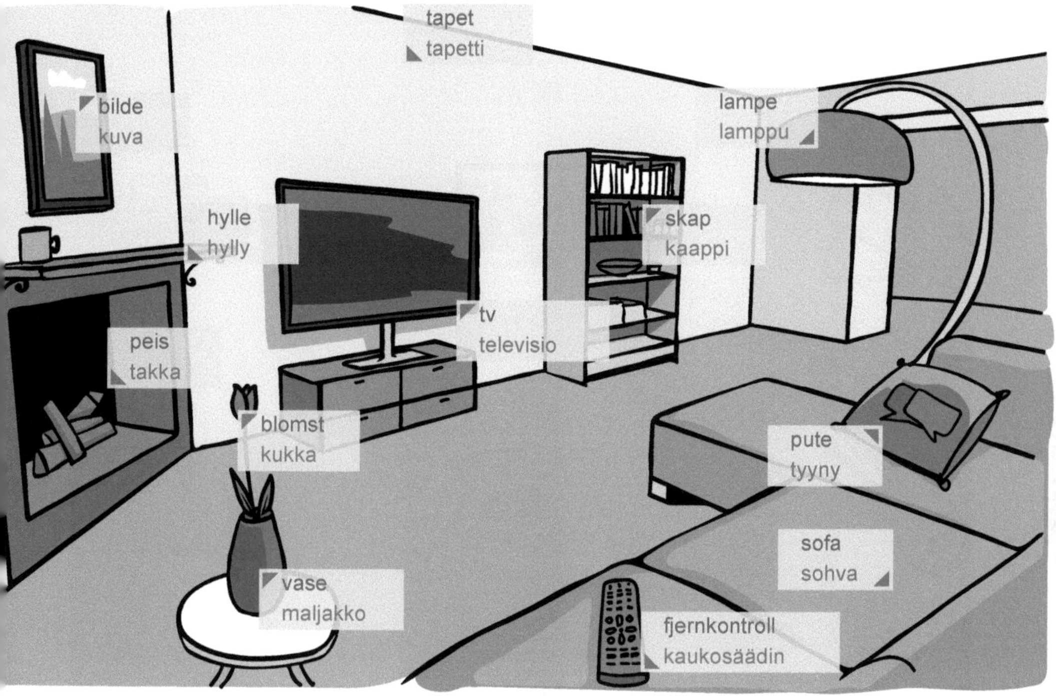

tapet
tapetti

bilde
kuva

lampe
lamppu

hylle
hylly

skap
kaappi

peis
takka

tv
televisio

blomst
kukka

pute
tyyny

sofa
sohva

vase
maljakko

fjernkontroll
kaukosäädin

gulvteppe
....
matto

gardin
....
verho

bord
....
pöytä

stol
....
tuoli

gyngestol
....
keinutuoli

lenestol
....
nojatuoli

bok

kirja

teppe

peitto

dekorasjon

koriste

ved

polttopuut

film

elokuva

stereoanlegg

stereot

nøkkel

avain

avis

sanomalehti

maleri

maalaus

plakat

juliste

radio

radio

notatblokk

muistivihko

støvsuger

pölynimuri

kaktus

kaktus

lys

kynttilä

kjøkken
keittiö

kjøleskap
jääkaappi
mikrobølgeovn
mikroaaltouuni
kjøkkenvekt
keittiövaaka
brødrister
leivänpaahdin
vaskemiddel
pesuaine
ovn
leivinuuni
fryser
pakastinlokero
søppelkasse
roska-astia
oppvaskmaskin
astianpesukone

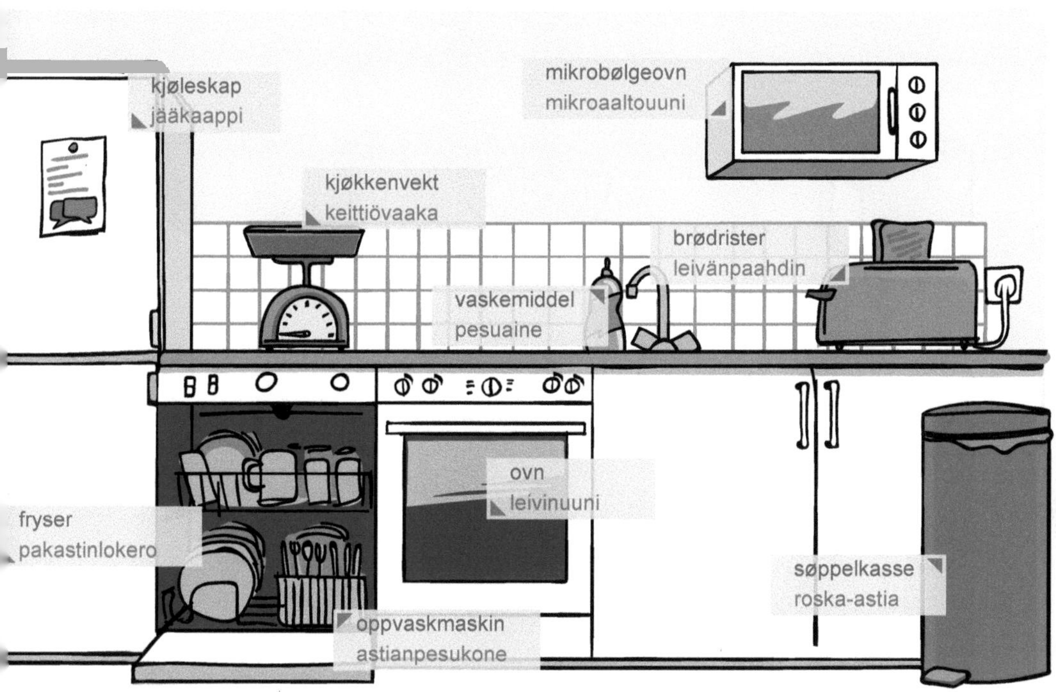

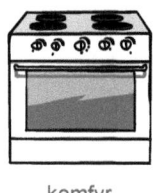

komfyr

liesi

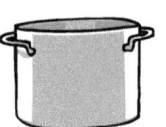

gryte

kattila

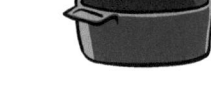

jerngryte

rautapata

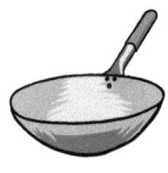

wokpanne

kkipannu / kadai-pannu

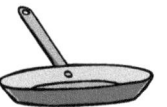

panne

paistinpannu

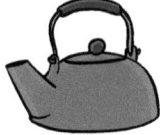

vannkoker

teepannu

dampovn

höyrykeitin

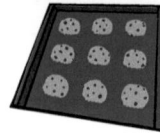

stekebrett

uunipelti

servise

astiat

krus

muki

bolle

kulho

spisepinner

syömäpuikot

øse

kauha

stekespade

paistinlasta

visp

vispilä

sil

siivilä

sil

siivilä

rivjern

raastin

mørtel

mortteli

grill

grilli

bål

avotuli

skjærefjøl

leikkuulauta

kjevle

kaulin

korketrekker

korkinavaaja

boks

purkki

boksåpner

purkinavaaja

gryteklut

pannulappu

vask

lavuaari

børste

tiskiharja

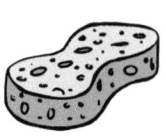

svamp

pesusieni

blender

tehosekoitin

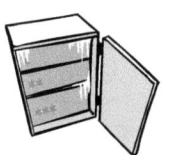

fryseboks

pakastin

tåteflaske

tuttipullo

kran

vesihana

bad

kylpyhuone

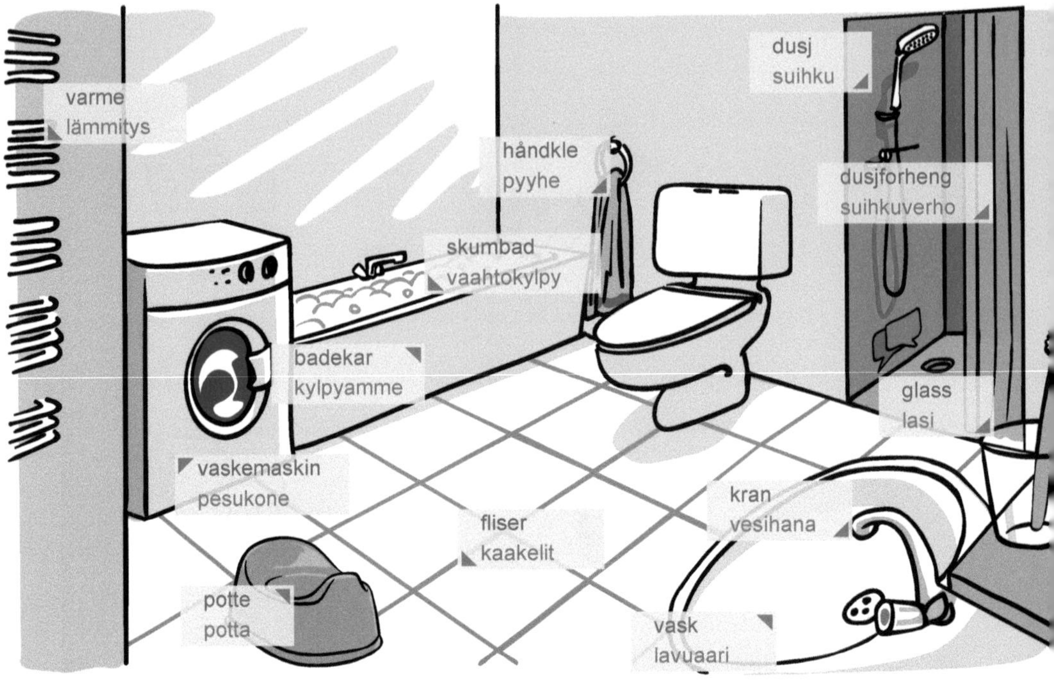

varme
lämmitys
håndkle
pyyhe
dusj
suihku
dusjforheng
suihkuverho
skumbad
vaahtokylpy
badekar
kylpyamme
glass
lasi
vaskemaskin
pesukone
kran
vesihana
fliser
kaakelit
potte
potta
vask
lavuaari

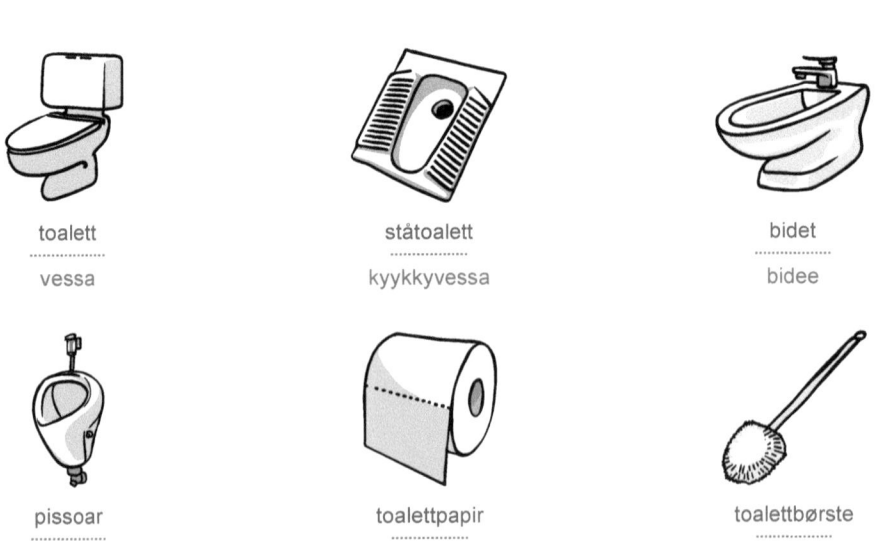

toalett

vessa

ståtoalett

kyykkyvessa

bidet

bidee

pissoar

pisuaari

toalettpapir

vessapaperi

toalettbørste

vessaharja

tannbørste

hammasharja

tannkrem

hammastahna

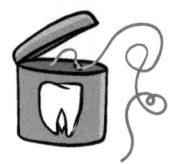

tanntråd

hammaslanka

vaske

pestä

hånddusj

käsisuihku

intimdusj

intiimisuihku

oppvaskbalje

pesuvati

ryggbørste

selkäharja

såpe

saippua

dusjsåpe

suihkugeeli

sjampo

shampoo

vaskeklut

pesulappu

avløp

viemäri

krem

voide

deodorant

deodorantti

speil

peili

håndspeil

käsipeili

barberhøvel

partaveitsi

barberskum

partavaahto

barberingsvann

partavesi

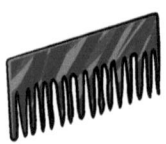

kam

kampa

børste

harja

hårføner

hiustenkuivaaja

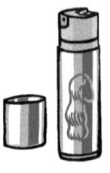

hårspray

hiuslakka

sminke

meikki

lebestift

huulipuna

neglelakk

kynsilakka

bomullsdott

pumpuli

neglesaks

kynsisakset

parfyme

hajuvesi

toalettmappe

kosmetiikkalaukku

krakk

jakkara

vekt

vaaka

badekåpe

kylpytakki

gummihansker

kumihansikkaat

tampong

tamponi

sanitetsbind

terveysside

kjemisk toalett

kemiallinen wc

barnerom
lastenhuone

vekkerklokke
herätyskello
kosedyr
pehmolelu
lekebil
leikkiauto
rangle
helistin
dukkehus
nukkekoti
gave
lahja

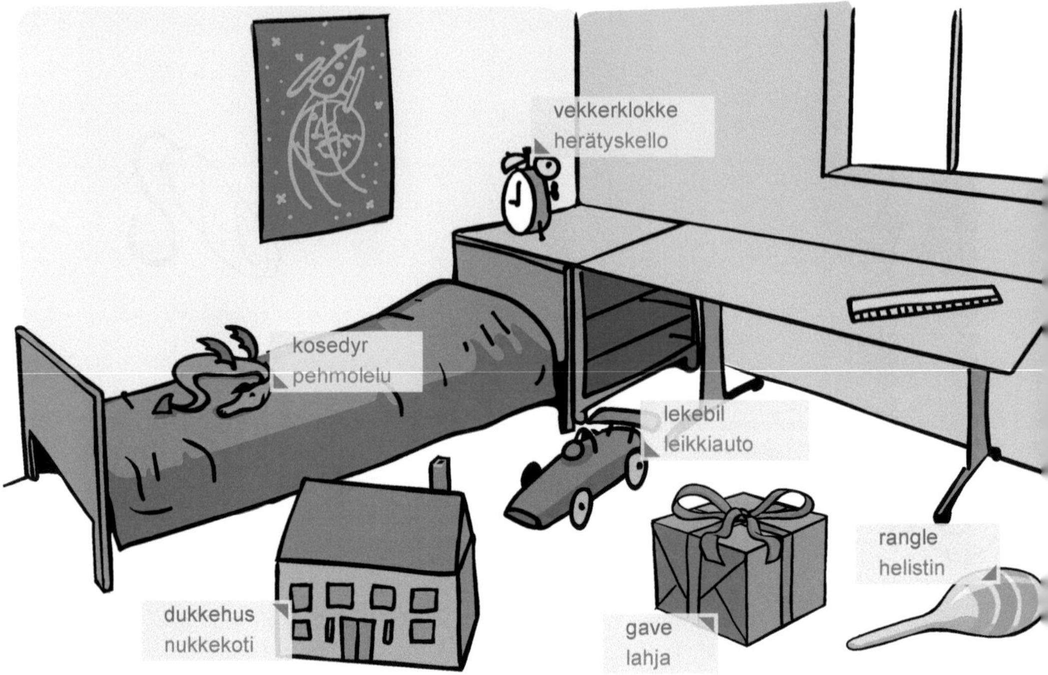

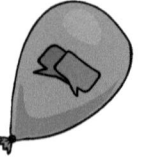

ballong

ilmapallo

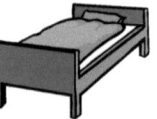

seng

sänky

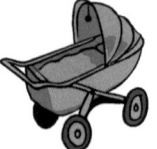

barnevogn

lastenvaunut

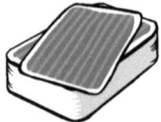

kortstokk

korttipeli

puslespill

palapeli

SUPER
MEGA

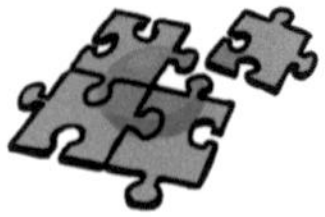

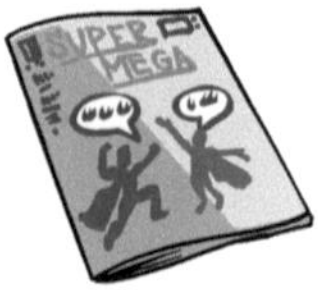

tegneserie

sarjakuva

lego klosser
legopalikat

byggeklosser
rakennuspalikat

actionfigur
supersankari

sparkebukse
potkupuku

frisbee
frisbee

uro
mobile

brettspill
lautapeli

terning
noppa

togbane
pienoisjunarata

smokk
tutti

fest
juhlat

bildebok
kuvakirja

ball
pallo

dukke
nukke

leke
leikkiä

sandkasse

hiekkalaatikko

gynge

keinu

leketøy

lelut

spillekonsoll

pelikonsoli

trehjulssykkel

kolmipyörä

bamse

nalle

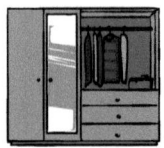

garderobeskap

vaatekaappi

klær

vaatteet

sokker

sukat

strømper

nylonsukat

strømpebukse

sukkahousut

skjerf
kaulaliina

paraply
sateenvarjo

t-skjorte
t-paita

belte
vyö

støvler
saappaat

tøfler
sisätossut

sneakers
lenkkarit

sandaler
sandaalit

sko
kengät

gummistøvler
kumisaappaat

underbukse
alushousut

BH
rintaliivit

undertrøye
aluspaita

body

body

bukse

housut

dongeribukse

farkut

skjørt

hame

bluse

pusero

skjorte

paita

genser

villapaita

hettegenser

collegepaita

dressjakke

jakku

jakke

takki

kåpe

takki

regnjakke

sadetakki

drakt

puku

kjole

mekko

brudekjole

hääpuku

dress
puku

nattkjole
yöpaita

pyjamas
pyjama

sari
shari

skaut
päähuivi

turban
turbaani

burka
burka

kaftan
kaftaani

abaya
abaya

badedrakt
uimapuku

badebukse
uimahousut

shorts
shortsit

treningsklær
verkkarit

forkle
esiliina

handske
käsineet

knapp

nappi

brille

silmälasit

armbånd

rannekoru

kjede

kaulakoru

ring

sormus

øredobb

korvakoru

lue

lippalakki

kleshenger

ripustin

hatt

hattu

slips

solmio

glidelås

vetoketju

hjelm

kypärä

bukseseler

henkselit

skoleuniform

koulupuku

uniform

univormu

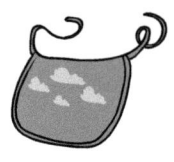

smekke

ruokalappu

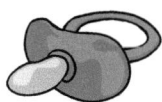

smokk

tutti

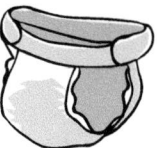

bleie

vaippa

kontor

toimisto

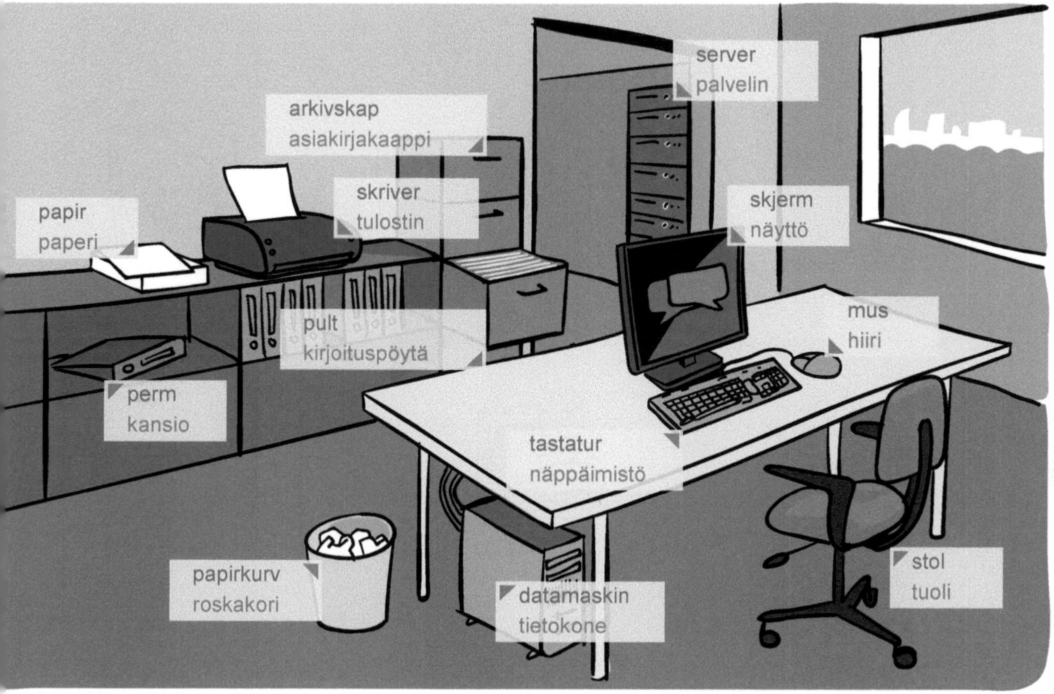
server
palvelin
arkivskap
asiakirjakaappi
skriver
tulostin
papir
paperi
skjerm
näyttö
pult
kirjoituspöytä
mus
hiiri
perm
kansio
tastatur
näppäimistö
papirkurv
roskakori
datamaskin
tietokone
stol
tuoli

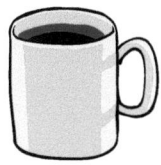

kaffekopp

kahvimuki

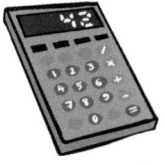

kalkulator

taskulaskin

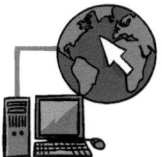

internett

internet

bærbar pc

kannettava tietokone

brev

kirje

beskjed

viesti

mobiltelefon

kännykkä

nettverk

verkko

kopimaskin

kopiokone

programvare

ohjelmisto

telefon

puhelin

stikkontakt

pistorasia

faksmaskin

faksi

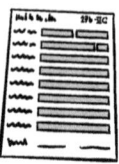

skjema

lomake

dokument

asiakirja

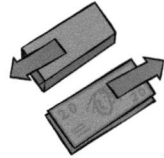

kjøpe

ostaa

betale

maksaa

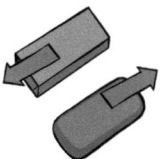

handle

vaihtaa

penger

raha

dollar

dollari

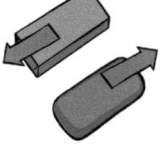

euro

euro

yen

jeni

rubel

rupla

sveitserfranc

frangi

renminbi

renminbi juan

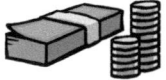

rupi

rupia

minibank

pankkiautomaatti

vekslingskontor

rahanvaihto

gull

kulta

sølv

hopea

olje

öljy

energi

energia

pris

hinta

kontrakt

sopimus

avgift

vero

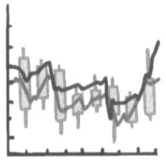

aksje

osake

jobbe

työskennellä

ansatt

työntekijä

arbeitsgiver

työnantaja

fabrikk

tehdas

butikk

liike

yrker
ammatit

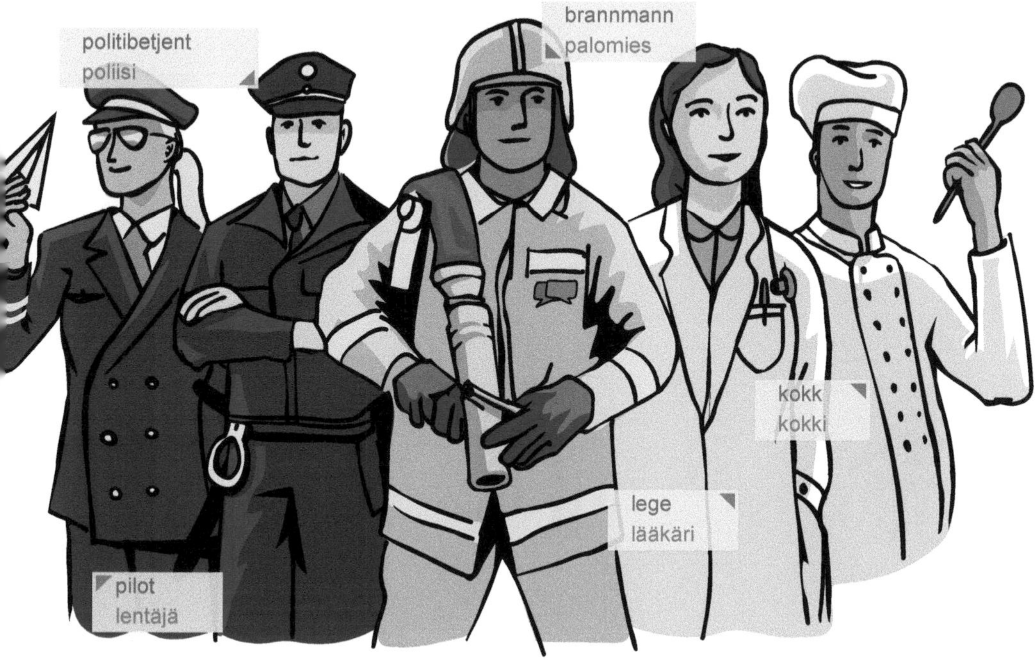
politibetjent
poliisi
brannmann
palomies
kokk
kokki
lege
lääkäri
pilot
lentäjä

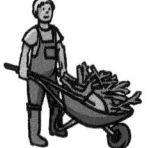

gartner

puutarhuri

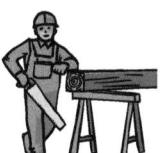

snekker

puuseppä

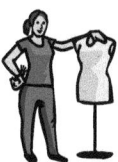

syerske

ompelija

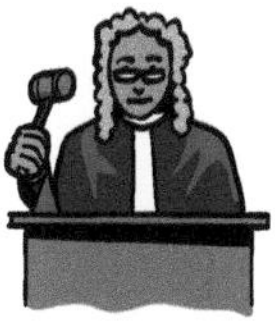

dommer

tuomari

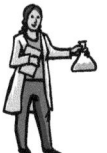

kjemiker

kemisti

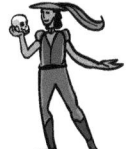

skuespiller

näyttelijä

bussjåfør
linja-autonkuljettaja

taxisjåfør
taksinkuljettaja

fisker
kalastaja

vaskedame
siivooja

taktekker
katontekijä

kelner
tarjoilija

jeger
metsästäjä

maler
maalari

baker
leipuri

elektriker
sähköasentaja

bygningsarbeider
rakentaja

ingeniør
insinööri

slakter
teurastaja

rørlegger
putkiasentaja

postbud
postinjakaja

soldat

sotilas

arkitekt

arkkitehti

kasserer

kassanhoitaja

blomsterhandler

floristi

frisør

kampaaja

konduktør

konduktööri

mekaniker

mekaanikko

kaptein

kapteeni

tannlege

hammaslääkäri

forsker

tiedemies

rabbi

rabbi

imam

imaami

munk

munkki

prest

pappi

verktøy
työkalut

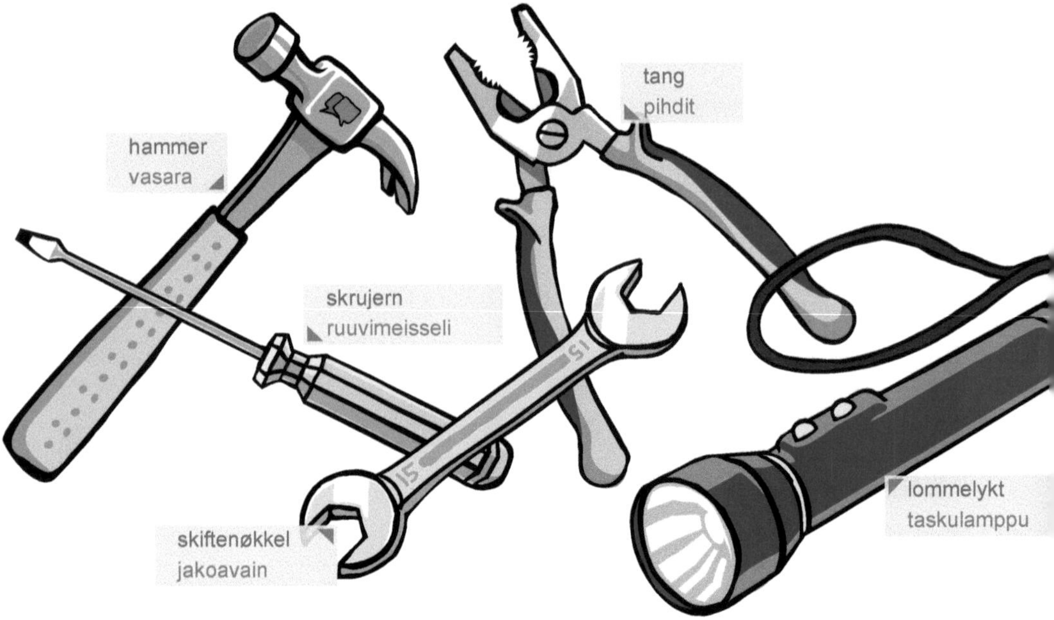
hammer
vasara
tang
pihdit
skrujern
ruuvimeisseli
skiftenøkkel
jakoavain
lommelykt
taskulamppu

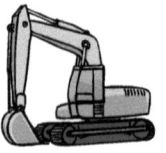

gravemaskin
kaivinkone

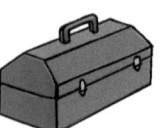

verktøykasse
työkalupakki

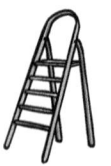

stige
tikkaat

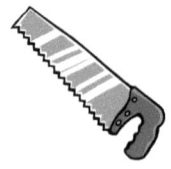

sag
saha

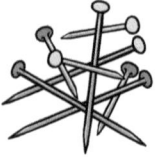

spiker
naulat

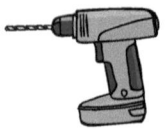

bor
pora

reparere
korjata

spade
lapio

Søren!
Hitto!

feiebrett
rikkalapio

malingsspann
maalipurkki

skruer
ruuvit

musikkinstrument
soittimet

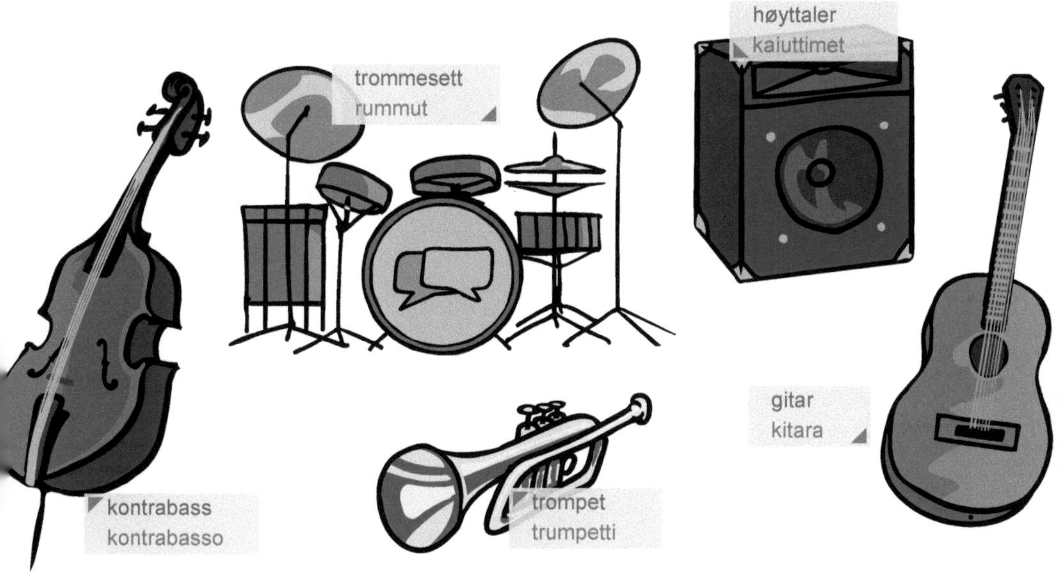

høyttaler
kaiuttimet

trommesett
rummut

kontrabass
kontrabasso

trompet
trumpetti

gitar
kitara

piano
piano

fiolin
viulu

bass
basso

pauke
patarummut

trommer
rumpu

keyboard
kosketinsoitin

saksofon
saksofoni

fløyte
huilu

mikrofon
mikrofoni

dyrehage
eläintarha

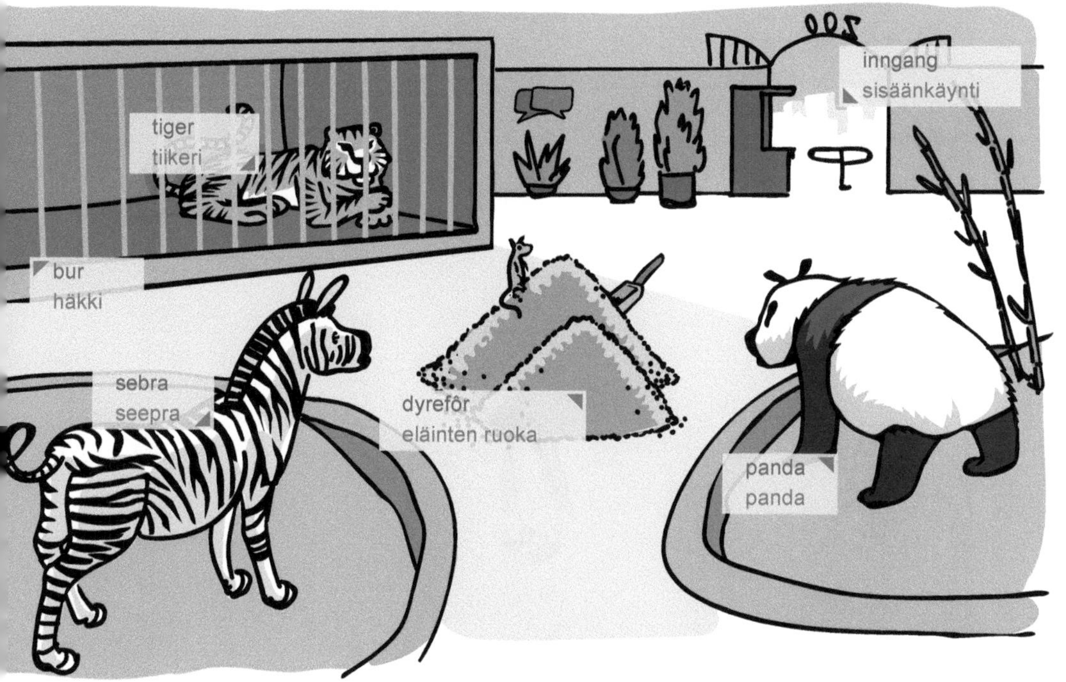

tiger
tiikeri
inngang
sisäänkäynti
bur
häkki
sebra
seepra
dyrefôr
eläinten ruoka
panda
panda

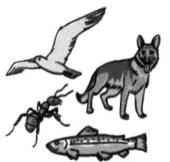

dyr
eläimet

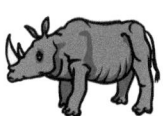

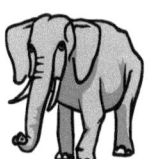

elefant
norsu

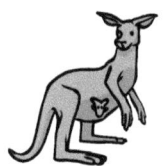

kenguru
kenguru

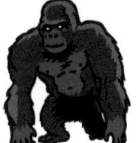

neshorn
sarvikuono

gorilla
gorilla

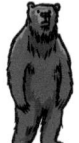

bjørn
karhu

kamel

kameli

struts

strutsi

løve

leijona

ape

apina

flamingo

flamingo

papegøye

papukaija

isbjørn

jääkarhu

pingvin

pingviini

hai

hai

påfugl

riikinkukko

slange

käärme

krokodille

krokotiili

dyrepasser

eläintarhanhoitaja

sel

hylje

jaguar

jaguaari

ponni

poni

leopard

leopardi

flodhest

virtahepo

giraff

kirahvi

ørn

kotka

villsvin

villisika

fisk

kala

skilpadde

kilpikonna

hvalross

mursu

rev

kettu

gaselle

gaselli

amerikansk fotball
amerikkalainen jalkapallo

sykling
pyöräily

tennis
tennis

basketball
koripallo

svømming
uinti

ishockey
jääkiekko

boksing
nyrkkeily

fotball
jalkapallo

badminton
sulkapallo

friidrett
yleisurheilu

håndball
käsipallo

stå på ski
hiihto

polo
poolo

aktiviteter
aktiviteetit

le
nauraa
hoppe
hypätä
klemme
halata
gå
kävellä
synge
laulaa
drømme
unelmoida
be
rukoilla
kysse
suudella

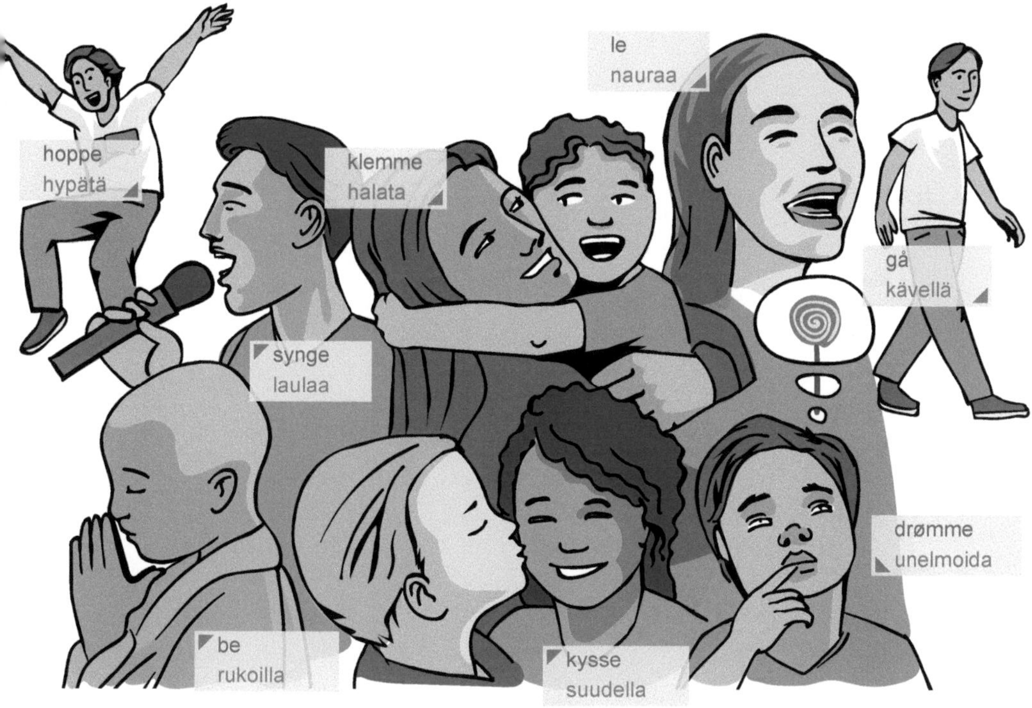

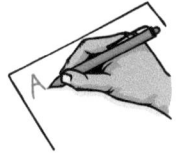

skrive

kirjoittaa

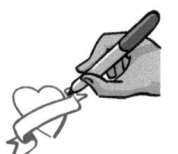

tegne

piirtää

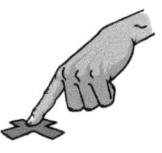

vise

näyttää

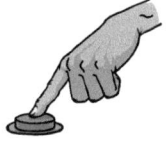

trykke

painaa

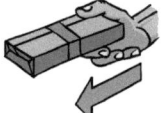

gi

antaa

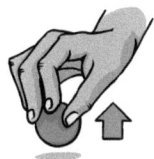

ta

ottaa

ha
omistaa

gjøre
tehdä

være
olla

stå
seisoa

løpe
juosta

dra
vetää

kaste
heittää

falle
kaatua

ligge
maata

vente
odottaa

bære
kantaa

sitte
istua

kle på
pukeutua

sove
nukkua

våkne
herätä

se på
katsoa

gråte
itkeä

stryke
silittää

gre
kammata

snakke
puhua

forstå
ymmärtää

spørre
kysyä

høre
kuunnella

drikke
juoda

spise
syödä

rydde
siivota

elske
rakastaa

lage mat
keittää

kjøre
ajaa

fly
lentää

seile

purjehtia

regne

laskea

lese

lukea

lære

oppia

jobbe

työskennellä

gifte seg

mennä naimisiin

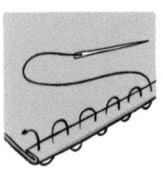

sy

ommella

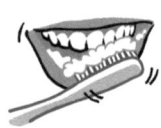

pusse tenner

pestä hampaat

drepe

tappaa

røyke

tupakoida

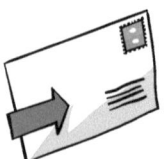

sende

lähettää

bestemor
mummo

bestefar
ukki

far
isä

mor
äiti

baby
vauva

datter
tytär

sønn
poika

gjest
....
vieras

tante
....
täti

onkel
....
setä

bror
....
veli

søster
....
sisko

kropp
vartalo

panne
otsa
øye
silmä
skulder
olkapää
finger
sormet
fjes
kasvot
hake
leuka
hånd
käsi
bryst
rinta
ben
jalka
arm
käsivarsi

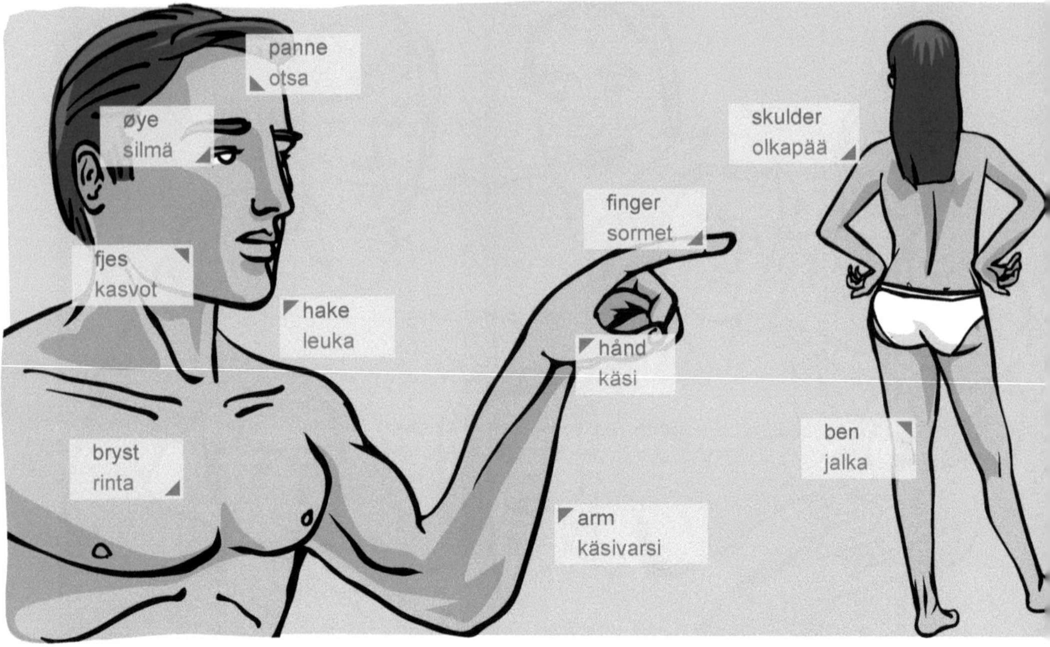

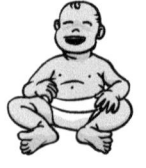

baby
vauva

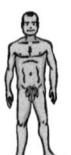

mann
mies

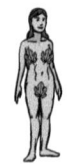

kvinne
nainen

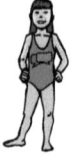

jente
tyttö

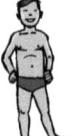

gutt
poika

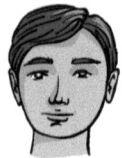

hode
pää

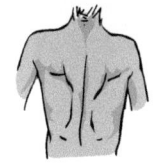

rygg

selkä

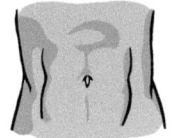

mage

maha

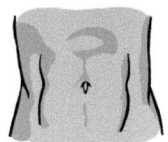

navle

napa

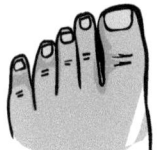

tå

varvas

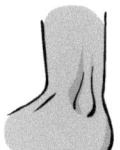

hæl

kantapää

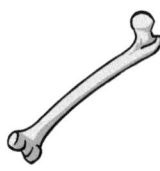

bein

luu

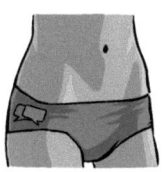

hofte

lantio

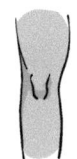

kne

polvi

albue

kyynärpää

nese

nenä

rumpe

takapuoli

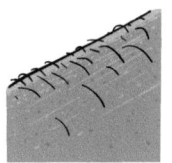

hud

iho

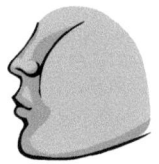

kinn

poski

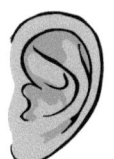

øre

korva

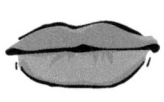

leppe

huuli

munn

suu

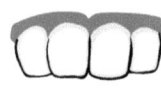

tann

hammas

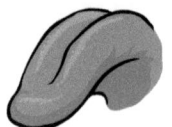

tunge

kieli

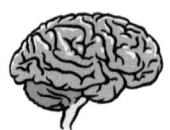

hjerne

aivot

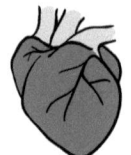

hjerte

sydän

muskel

lihas

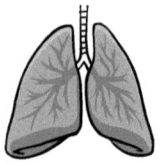

lunge

keuhkot

lever

maksa

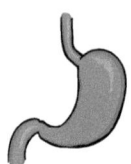

magesekk

vatsa

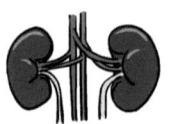

nyrer

munuaiset

samleie

seksi

kondom

kondomi

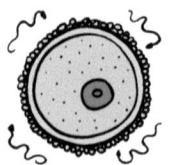

eggcelle

munasolu

sæd

sperma

graviditet

raskaus

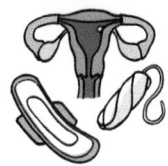

menstruasjon
....
kuukautiset

vagina
....
vagina

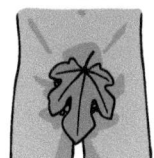

penis
....
penis

øyenbryn
....
kulmakarvat

hår
....
hiukset

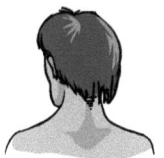

hals
....
niska

kropp - vartalo

sykehus
sairaala

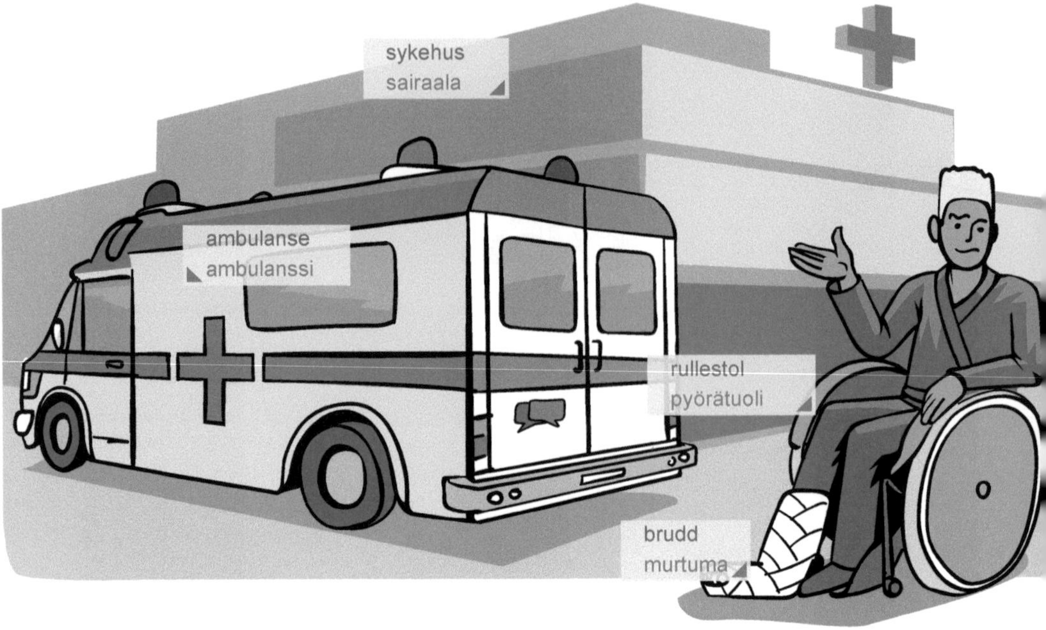

sykehus
sairaala
ambulanse
ambulanssi
rullestol
pyörätuoli
brudd
murtuma

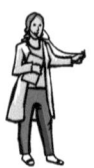

lege
lääkäri

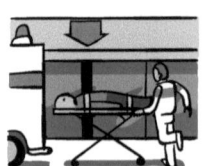

akuttmottak
ensiapu

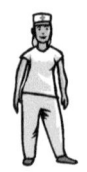

sykepleier
sairaanhoitaja

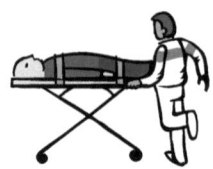

nødsituasjon
hätätilanne

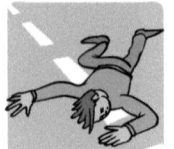

bevisstløs
tajuton

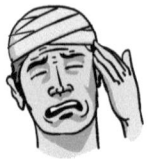

smerte
kipu

skade

vamma

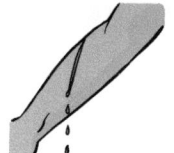

blødning

verenvuoto

hjerteinfarkt

sydänkohtaus

hjerneslag

aivoinfarkti

allergi

allergia

hoste

yskä

feber

kuume

influensa

flunssa

diaré

ripuli

hodepine

päänsärky

kreft

syöpä

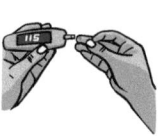

diabetes

diabetes

kirurg

kirurgi

skalpell

veitsi

operasjon

leikkaus

CT

ct

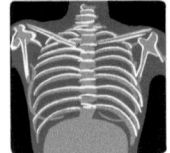

røntgen

röntgen

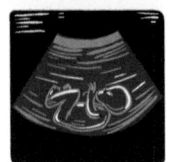

ultralyd

ultraääni

ansiktsmaske

maski

sykdom

sairaus

venterom

odotushuone

krykke

sauva

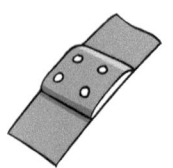

plaster

laastari

bandasje

side

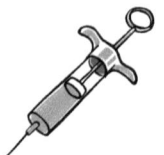

injeksjon

pistos

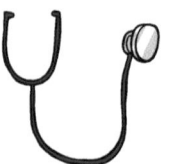

stetoskop

stetoskooppi

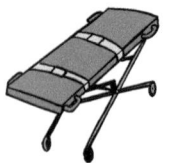

båre

paarit

klinisk termometer

kuumemittari

fødsel

syntymä

overvekt

ylipaino

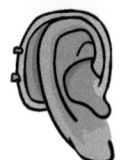

høreapparat
kuulolaite

desinfeksjonsmiddel
desinfiointiaine

infeksjon
infektio

virus
virus

HIV/AIDS
HIV / AIDS

medisin
lääke

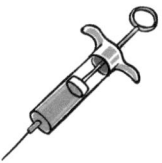

vaksinasjon
rokotus

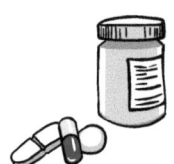

tabletter
tabletit

pille
pilleri

nødanrop
hätäpuhelu

blodtrykksmåler
verenpainemittari

syk / frisk
sairas / terve

Hjelp!

Apua!

alarm

hälytys

overfall

ryöstö

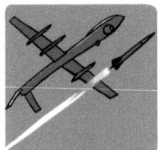

angrep

hyökkäys

fare

vaara

nødutgang

hätäuloskäynti

Brann!

Tulipalo!

brannslukker

palosammutin

ulykke

onnettomuus

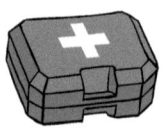

førstehjelpsskrin

ensiapulaukku

SOS

SOS

politi

poliisilaitos

jorden

maa

Europa

Eurooppa

Nord-Amerika

Pohjois-Amerikka

Sør-Amerika

Etelä-Amerikka

Afrika

Afrikka

Asia

Aasia

Australia

Australia

Atlanterhavet

Atlantin valtameri

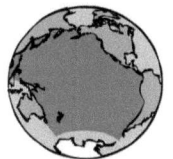

Stillehavet

Tyynimeri

Det indiske hav

Intian valtameri

Sørishavet

Eteläinen jäämeri

Nordishavet

Pohjoinen jäämeri

Nordpolen

pohjoisnapa

Sydpolen

etelänapa

Antarktis

Antarktis

jorden

maa

land

maa

sjø

meri

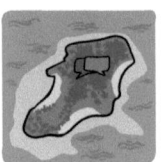

øy

saari

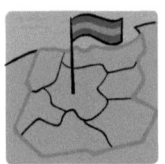

nasjon

kansa

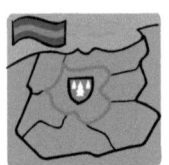

stat

osavaltio

urskive

kellotaulu

timeviser

tuntiviisari

minuttviser

minuuttiviisari

sekundviser

sekuntiviisari

Hva er klokken?

Paljonko kello on?

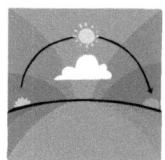

dag

päivä

tid

aika

nå

nyt

digitalklokke

digitaalikello

minutt

minuutti

time

tunti

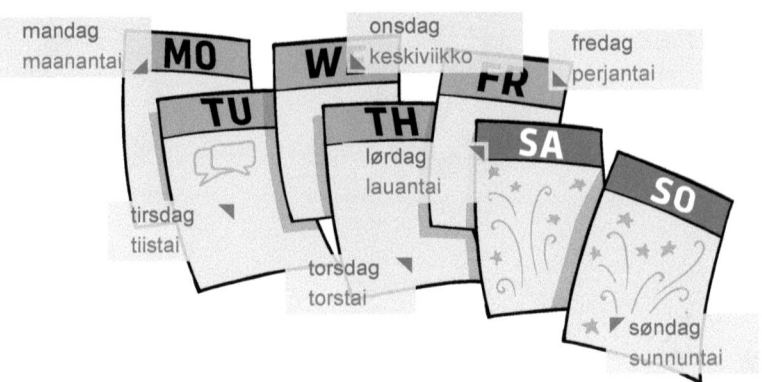

mandag
maanantai

onsdag
keskiviikko

fredag
perjantai

tirsdag
tiistai

lørdag
lauantai

torsdag
torstai

søndag
sunnuntai

i går

eilen

i dag

tänään

i morgen

huomenna

morgen

aamu

middag

keskipäivä

kveld

ilta

MO	TU	WE	TH	FR	SA	SU
1	2	3	4	5	6	7
8	9	10	11	12	13	14
15	16	17	18	19	20	21
22	23	24	25	26	27	28
29	30	31	1	2	3	4

arbeidsdag

työpäivät

MO	TU	WE	TH	FR	SA	SU
1	2	3	4	5	6	7
8	9	10	11	12	13	14
15	16	17	18	19	20	21
22	23	24	25	26	27	28
29	30	31	1	2	3	4

helg

viikonloppu

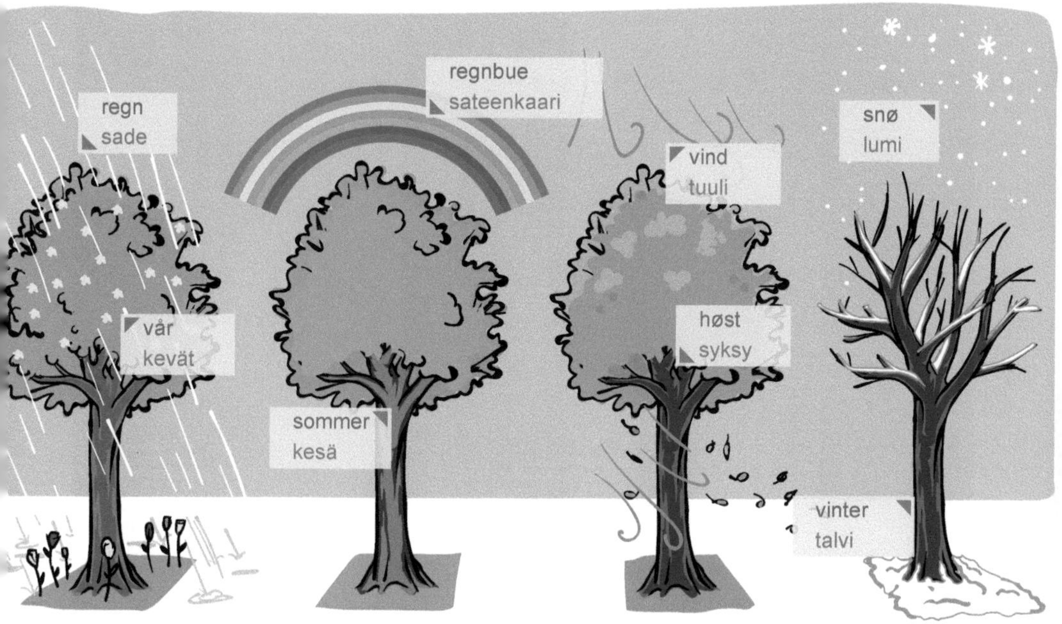

regn
sade
regnbue
sateenkaari
vind
tuuli
snø
lumi
vår
kevät
høst
syksy
sommer
kesä
vinter
talvi

4.APRIL 11°
5.APRIL 4°
6.APRIL 13°
7.APRIL 8°
8.APRIL 10°

værmelding

sääennuste

F C
120 40
90 30
60 20
30 10
0 0
-30 -10
-20

termometer

lämpömittari

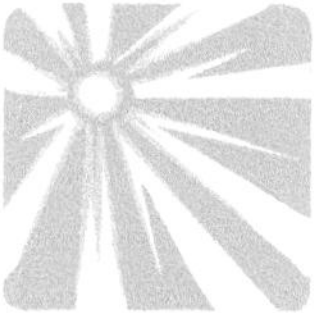

solskinn

auringonpaiste

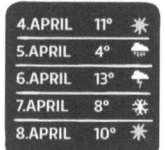

sky

pilvi

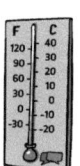

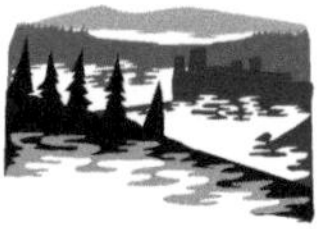

tåke

sumu

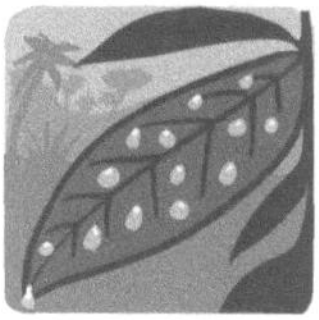

luftfuktighet

ilmankosteus

lyn

salama

torden

ukkonen

storm

myrsky

hagl

rae

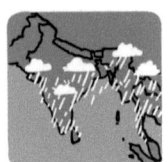

monsun

monsuuni

oversvømmelse

tulva

is

jää

januar

tammikuu

februar

helmikuu

mars

maaliskuu

april

huhtikuu

mai

toukokuu

juni

kesäkuu

juli

heinäkuu

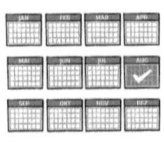

august

elokuu

82

år - vuosi

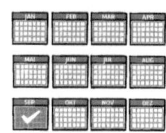

september
⋯⋯⋯⋯
syyskuu

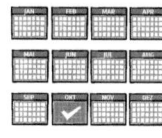

oktober
⋯⋯⋯⋯
lokakuu

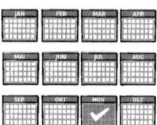

november
⋯⋯⋯⋯
marraskuu

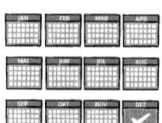

desember
⋯⋯⋯⋯
joulukuu

former
muodot

sirkel
⋯⋯⋯⋯
ympyrä

kvadrat
⋯⋯⋯⋯
neliö

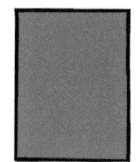

rektangel
⋯⋯⋯⋯
suorakulmio

triangel
⋯⋯⋯⋯
kolmio

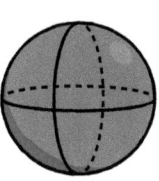

kule
⋯⋯⋯⋯
pallo

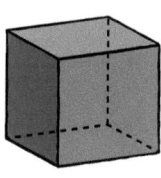

kube
⋯⋯⋯⋯
kuutio

hvit

valkoinen

gul

keltainen

oransj

oranssi

rosa

vaaleanpunainen

rød

punainen

lilla

violetti

blå

sininen

grønn

vihreä

brun

ruskea

grå

harmaa

svart

musta

mye / lite

paljon / vähän

sint / rolig

vihainen / ystävällinen

pen / stygg

kaunis / ruma

start / slutt

alku / loppu

stor / liten

suuri / pieni

lys / mørk

vaalea / tumma

bror / søster

veli / sisko

ren / skitten

puhdas / likainen

fullstendig / ufullstendig

täydellinen / epätäydellinen

dag / natt

päivä / yö

død / levende

kuollut / elävä

bred / smal

leveä / kapea

spiselig / uspiselig

syötävä / syömäkelvoton

ond / snill

paha / kiltti

begeistret / lei

innostunut / tylsistynyt

tykk / tynn

lihava / laiha

først / sist

ensimmäinen / viimeinen

venn / fiende

ystävä / vihollinen

full / tom

täysi / tyhjä

hard / myk

kova / pehmeä

tung / lett

painava / kevyt

sulten / tørst

nälkä / jano

syk / frisk

sairas / terve

ulovlig / lovlig

laiton / laillinen

intelligent / dum

älykäs / tyhmä

venstre / høyre

vasen / oikea

nære / langt unna

lähellä / kaukana

ny / brukt
uusi / käytetty

ingenting / noe
ei mitään / jotain

gammel / ung
vanha / nuori

på / av
päällä / pois päältä

åpen / stengt
auki / kiinni

lavt / høyt
hiljainen / äänekäs

rik / fattig
rikas / köyhä

riktig / feil
oikein / väärin

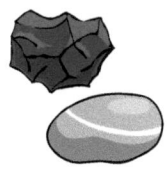

ru / glatt
karhea / sileä

trist / glad
surullinen / iloinen

kort / lang
lyhyt / pitkä

langsom / rask
hidas / nopea

vått / tørt
märkä / kuiva

varm / lunken
lämmin / viileä

krig / fred
sota / rauha

tall

numerot

0	**1**	**2**
null	en	to
nolla	yksi	kaksi
3	**4**	**5**
tre	fire	fem
kolme	neljä	viisi
6	**7**	**8**
seks	sju	åtte
kuusi	seitsemän	kahdeksan
9	**10**	**11**
ni	ti	elleve
yhdeksän	kymmenen	yksitoista

12

tolv

kaksitoista

13

tretten

kolmetoista

14

fjorten

neljätoista

15

femten

viisitoista

16

seksten

kuusitoista

17

sytten

seitsemäntoista

18

atten

kahdeksantoista

19

nitten

yhdeksäntoista

20

tjue

kaksikymmentä

100

hundre

sata

1.000

tusen

tuhat

1.000.000

million

miljoona

engelsk

englanti

amerikansk engelsk

amerikanenglanti

mandarin

mandariinikiina

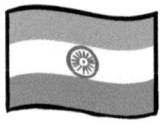

hindi

hindi

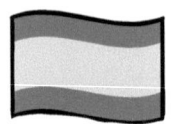

spansk

espanja

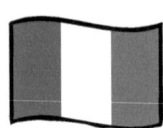

fransk

ranska

arabisk

arabia

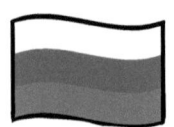

russisk

venäjä

portugisisk

portugali

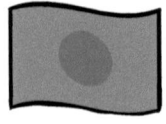

bengali

bengali

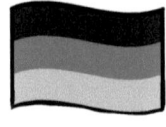

tysk

saksa

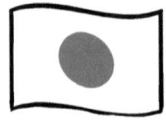

japansk

japani

jeg
minä

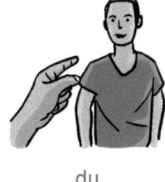

du
sinä

han / hun / det
hän

vi
me

dere
te

de
he

hvem?
kuka?

hva?
mitä / mikä?

hvordan?
miten?

hvor?
missä?

når?
milloin?

navn
nimi

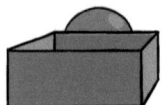

bakom
....
takana

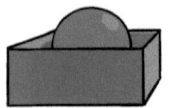

i
....
sisällä

foran
....
edessä

over
....
yläpuolella

på
....
päällä

under
....
alapuolella

ved siden av
....
vieressä

mellom
....
välissä

sted
....
paikka

.